消除工作场所性骚扰指导手册

（修订版）

中华全国总工会女职工部◎编著

面对性骚扰，
请坚决地说
NO

中国工人出版社

图书在版编目（CIP）数据

消除工作场所性骚扰指导手册／中华全国总工会女职工部编著.
—修订本.—北京：中国工人出版社，2021.4
ISBN 978-7-5008-7647-2

Ⅰ.①消… Ⅱ.①中… Ⅲ.①性犯罪—预防犯罪—中国—手册
Ⅳ.①D924.34-62

中国版本图书馆CIP数据核字（2021）第068050号

消除工作场所性骚扰指导手册（修订版）

出 版 人	王娇萍
责任编辑	冀　卓　李　丹
责任印制	栾征宇
出版发行	中国工人出版社
地　　址	北京市东城区鼓楼外大街45号　邮编：100120
网　　址	http://www.wp-china.com
电　　话	（010）62005043（总编室） （010）62005039（印制管理中心） （010）82027810（职工教育分社）
发行热线	（010）82029051　62383056
经　　销	各地书店
印　　刷	三河市东方印刷有限公司
开　　本	787毫米×1092毫米　1/32
印　　张	3.25
字　　数	50千字
版　　次	2021年7月第1版　2023年2月第6次印刷
定　　价	20.00元

前言

预防和制止工作场所性骚扰是贯彻男女平等基本国策的重要举措，是用人单位不可推卸的法律义务和责任，是促进工作场所性别平等的重要环节。

国际劳工组织2019年6月21日通过的《关于消除劳动世界中的暴力和骚扰的公约》（第190号）和《关于消除劳动世界中的暴力和骚扰的建议书》（第206号）中明确指出，劳动世界中的暴力、骚扰侵犯和践踏人权，都有悖于体面劳动原则，工作场所中的所有行动方必须预防、避免及处理性骚扰，要求雇主采取与其掌控程度相称的、适当的步骤来预防和消除劳动世界中的暴力和骚扰；并明确“基于社会性别的暴力和骚扰”是指因人们的生理性别或社会性别而针对其施行的暴力和骚扰，包括性骚扰。

我国相关法律法规对用人单位预防和制止工作场所性骚扰的责任也作出了明确规定。《中华人民共和国民法典》《中华人民共和国妇女权益保障法》《女职工劳动保护特别规定》规定：机关、企业、学校等单位应当采取合理的预防、受理投诉、调查处置等措施，预防和制止利用职权实施性骚扰；在劳动场所，用人单位应当预防和制止对女职工的性骚扰。

为贯彻落实男女平等的基本国策，推动用人单位落实国家有关预防和制止工作场所性骚扰的法律法规，建立健全相关制度机制，促进工作场所性别平等，全国总工会女职工部于2019年率先出台了《促进工作场所性别平等指导手册》，将预防和制止工作场所性骚扰作为其中的一个重要环节。在此基础上，全国总工会女职工部又开展了预防和制止工作场所性骚扰专题研究，专门组织编写了《消除工作场所性骚扰指导手册》（以下简称《指导手册》）。

今年，根据《中华人民共和国民法典》的相关规定，全国总工会女职工部对《指导手册》进行了修订，详细解读工作场所性骚扰的基本概念及类型，阐释用人单位应建立的制度机制，分析点评实践案例，旨在帮助和指导用人单位知晓并履行预防和制止性骚扰的法律义务；指导工会组织和职工了解和掌握法律法规，采取积极措施参与、促进、监督用人单位建立和执行消除性骚扰制度机制，在预防和制止工作场所性骚扰中发挥作用。

编者

2021 年 5 月

推荐词 1

男女平等是我国的基本国策。我国“十四五”规划和2035年远景目标纲要提出，保障妇女平等享有经济权益，消除就业性别歧视。预防和制止工作场所性骚扰是贯彻我国男女平等基本国策、消除性别歧视、履行国际人权公约的重要举措，对于营造安全健康平等的社会氛围、促进社会公平正义具有重要意义。

企业是重要的工作场所。目前，越来越多的企业已经认识到，优秀的人才是企业基业长青的稀缺资源和不竭动力。如何最大限度调动广大男女职工的积极性、主动性、创造性，如何创造安全、零歧视、包容和激励的工作环境，增强员工的获得感、幸福感、安全感，至关重要。

我们欣喜地看到全国总工会女职工部出版《消

除工作场所性骚扰指导手册》。这本手册基于大量的调查研究，理论联系实际，主题简要明确，结构清晰明了，从法律法规、战略制度、实践措施等方面指导，便于理解、易于操作，是指导广大企业推进消除工作场所性别歧视工作的有益工具。

我们希望广大企业通过创新性实践，创造一个安全、包容和鼓励性的工作环境，不断激发男女员工的积极性和潜能，支持和帮助广大男女员工享有出彩的人生，不断影响和推动性别平等真正成为全社会共同遵循的行为规范和价值标准。

中国企业联合会雇主工作部

2021 年 4 月

推荐词 2

国际劳工组织中国和蒙古局向中华全国总工会女职工部为编写和出版《消除工作场所性骚扰指导手册》所付出的艰苦努力表示诚挚的敬意。

本手册对促进人人有权享有一个没有暴力和骚扰的劳动世界，创建一个对暴力和骚扰零容忍的社会环境具有重要意义。该手册结合国际公约、国内法律和良好实践，具有很强的实操性。用人单位和工会组织通过学习和使用本手册，可以制定和完善消除工作场所性骚扰的政策和机制、建立安全和公平的工作环境、提升用人单位和职工的法律认识和防护意识，有效预防和制止工作场所性骚扰。

国际劳工组织中国和蒙古局

2021 年 5 月

目录

第一部分

指导手册使用说明

一 消除工作场所性骚扰的意义

（1）践行社会主义核心价值观，促进社会公平正义，推动形成良好的社会风尚。

（2）落实男女平等基本国策，消除因性骚扰造成的性别歧视，促进工作场所性别平等。

（3）用人单位履行法定义务，保障职工在工作中处于安全健康平等的环境和免受性骚扰的基本人权。

（4）有助于用人单位创建健康文明的文化，形成健康的人际关系，提升用人单位形象。

（5）对用人单位内部工作安排、职工参与度发挥积极的作用，提升用人单位效益，促进用人单位的可持续发展。

（6）营造安全健康平等的社会氛围，促进职工家庭的和谐稳定。

以企业为例：为什么企业应预防和制止工作场所性骚扰？

（1）预防和制止工作场所性骚扰是企业的一项法定义务。

- 《中华人民共和国民法典》《中华人民共和国妇女权益保障法》《女职工劳动保护特别规定》等法律法规规定用人单位应当预防和制止工作场所性骚扰。
- 企业应依法提供劳动保护和职业安全健康环境。
- 多部法律禁止性别歧视，性骚扰是工作场所性别歧视的一种形式。
- 企业需承担工作场所性骚扰的法律责任。

（2）工作场所性骚扰危害严重。

- 性骚扰侵犯和践踏人权。
- 性骚扰损害人的安全和健康。
- 性骚扰侵犯人的尊严，违背体面劳动原则。
- 性骚扰破坏家庭和社会环境。
- 性骚扰影响企业效益，破坏企业声誉，阻碍企业的可持续发展。
- 性骚扰对工作安排、工作关系及职工的参与度产生负面影响。

- 性骚扰造成受害人工作消极甚至辞职，导致企业人才流失。
- 性骚扰使企业面临诉讼风险。

（3）预防和制止工作场所性骚扰可以造就优秀企业。

- 保障职工的身心健康，提高职工的安全感、幸福感、归属感和工作积极性。
- 打造先进的企业文化，尊重职工的人格尊严，减少劳动争议，构建和谐劳动关系，实现体面劳动。
- 优化人力资源的利用。
- 提高企业声誉，增加企业吸引和留住人才的能力。
- 提高企业生产率和竞争力。

二 制定指导手册的依据和目的

《消除工作场所性骚扰指导手册》（以下简称《指导手册》）依据《中华人民共和国民法典》《中华人民共和国妇女权益保障法》《女职工劳动保护

特别规定》等法律法规和相关国际公约而制定，旨在推动用人单位知晓并落实法律规定，促进用人单位建立健全工作场所性骚扰防治机制，并为用人单位预防工作场所性骚扰以及在性骚扰发生时做出有效行动提供实际指导；推动工会组织发挥应有的作用和职责，促进并参与国家、地方法律法规政策的出台，参与、促进、监督用人单位消除工作场所性骚扰机制的建立和执行；为职工依法维护自身权益提供帮助和指导。

本手册适用于国家机关、企业、事业单位、社会团体等在内的所有用人单位。学校中师生之间的性骚扰也可以参照本手册。不同行业、不同类型的用人单位可以根据行业特点和本单位实际细化手册内容，积极推行使用。

《中华人民共和国民法典》第一千零一十条 违背他人意愿，以言语、文字、图像、肢体行为等方式对他人实施性骚扰的，受害人有权依法请求行为人承担民事责任。

机关、企业、学校等单位应当采取合理的预防、受理投诉、调查处置等措施，防止和制止利用职权、从属关系等实施性骚扰。

《中华人民共和国妇女权益保障法》第二十三条 禁止违背妇女意愿，以言语、文字、图像、肢体行为等方式对其实施性骚扰。受害妇女可以向有关单位和国家机关投诉。接到投诉的有关单位和国家机关应当及时处理，并书面告知处理结果。受害妇女可以向公安机关报案，也可以向人民法院提起民事诉讼，依法请求行为人承担民事责任。

第二十五条 用人单位应当采取下列措施预防和制止对妇女的性骚扰：（一）制定禁止性骚扰的规章制度；（二）明确负责机构或者人员；（三）开展预防和制止性骚扰的教育培训活动；（四）采取必要的安全保卫措施；（五）设置投诉电话、信箱等，畅通投诉渠道；（六）建立和完善调查处置程序，及时处置纠纷并保护当事人隐私和个人信息；（七）支持、协助受害妇女依法维权，必要时为受害妇女提供心理疏导；（八）其他合理的预防和制止性骚扰措施。

《女职工劳动保护特别规定》第十一条 在劳动场所，用人单位应当预防和制止对女职工的性骚扰。

三 指导手册的使用对象和用途

1. 用人单位

- 了解消除工作场所性骚扰的法律规定。
- 了解用人单位的法律义务和责任。
- 创建安全、健康、平等的工作环境。
- 开展预防和制止工作场所性骚扰的宣传倡导和教育培训。
- 建立健全消除工作场所性骚扰的规章制度和工作机制。
- 进行工作场所性骚扰防治状况的定期自查和整改。

- 不断优化消除工作场所性骚扰的制度机制，针对问题采取更加有效的防治措施。
- 对工作场所性骚扰受害者和举报人加以保护。

2. 工会

- 加强工会组织在预防和制止工作场所性骚扰方面的能力建设。
- 推动用人单位为职工提供安全、健康、平等的工作环境。
- 促进用人单位建立健全预防和制止工作场所性骚扰的规章制度和工作机制。
- 开展预防和制止工作场所性骚扰的宣传倡导和教育培训。
- 畅通投诉渠道，积极协调处理投诉，为受害者、举报人提供保护和支持。
- 监督用人单位性骚扰防治状况，督促用人单位落实整改措施。
- 推动用人单位把消除工作场所性骚扰纳入集体协商和集体合同、女职工权益保护专项集体合同、劳动安全卫生专项集体合同。

3. 职工

- 了解消除工作场所性骚扰的法律规定。
- 了解用人单位应履行的法律义务和责任。
- 了解用人单位消除工作场所性骚扰的规章制度、投诉程序及机制。
- 参与用人单位工作场所性骚扰防治机制的建立，促进并监督用人单位相关机制的执行。
- 了解工会组织在参与、促进、监督用人单位消除工作场所性骚扰方面的作用。
- 了解并识别工作场所性骚扰，加强自我保护，维护自身权益；作为知情者，对工作场所性骚扰采取行动。

第二部分 性骚扰的基本概念

一 什么是性骚扰

性骚扰是违背他人意愿，以言语、文字、图像、肢体行为等方式对他人实施的与性有关的侵权行为。性骚扰是性别歧视的一种形式，是基于性别的暴力。

注意：

- 双方自愿的性互动、调情以及友谊不是不受欢迎的，不构成性骚扰。
- 行为是否受欢迎是一个主观问题，是从接受者的角度来确定的；进行该行为的人主观上是否意图实施性骚扰不是决定因素。

- 是否构成性骚扰，并不要求受骚扰者必须明确告知骚扰者其行为不受欢迎，一些因素可能影响受骚扰者传达“骚扰者的行为是不受欢迎的”，比如受骚扰者年轻、缺乏经验、害怕报复以及双方之间权力关系的性质等。

二 什么是工作场所性骚扰

1. 定义

工作场所性骚扰是在工作过程中发生的、与工作有关或由工作产生的性骚扰行为。

2. 工作场所性骚扰的主要类型

交换型的性骚扰：骚扰者，如单位上级领导或公司主管等，利用职权或职务之便提出性方面的要求，以此作为受骚扰者获得与工作有关的机会或待遇（如录用、晋升、加薪、培训机会、调岗、职业稳定等）的交换条件。受骚扰者如果不接受此要求，可能失去这些机会或待遇。无论受骚扰者实际上是否获得了骚扰者用以交换的与工作有关的机会或待遇，都可能构成交换型的性骚扰。

敌意工作环境型的性骚扰：任何人以具有性意味的言辞或行为，造成他人处于敌意性、胁迫性或冒犯性的工作环境，即使行为不针对任何特定职工，但造成一种性别不友好的工作环境或文化，也可能构成性骚扰。例如，淫秽色情材料的展示、“黄段子”、性暗示或令人反感的笑话等。

3. 可能构成工作场所性骚扰的行为

如果以下行为是不受欢迎的，则可能构成性骚扰：

- 反复凝视身体敏感部位。
- 身体接触，如触摸、搂抱、抚弄、掐捏、亲吻等。
- 性姿势，不体面的展示或不适当的身体暴露。
- 编制、转发、展示具有性含义的“黄段子”。
- 展示、摆放色情图片、海报、屏保、物品等。
- 通过电子邮箱、网站、微信等进行重复的，不适当的挑逗。
- 性暗示或告知、传播性经验。
- 强迫性质的邀请，死缠烂打型的示爱，在被拒绝之后仍持续地邀请共同进餐或约会，使对方感受到一种“隐形威胁”。

- 对性和其他性行为的要求和暗示。
- 跟踪以及实际或者企图进行的强奸等性侵害等。

三 哪些人可能是工作场所性骚扰的实施者或受害者

1. 工作场所性骚扰的实施者

任何有工作关系的人都可能实施性骚扰。主要包括：

（1）上级。

（2）同事。

（3）客户、顾客。

（4）合作伙伴。

2. 工作场所性骚扰的受害者

工作场所性骚扰的受害者可能是用人单位中的职工和其他人员，以及与本单位有工作关系的外部人员，比如：

（1）本单位的职工及其他人员，无论其合同状况如何，包括实习生、学徒工、劳务派遣工、灵活用工和志愿者等。

（2）与本单位有工作关系的外部人员，如接受培训的人员。

（3）劳动关系已被终止的劳动者。

（4）求职者和应聘者。

工作场所性骚扰的受害者大部分是女职工，但是男职工同样也可能遭受工作场所性骚扰。

四 工作场所性骚扰可能发生在哪些地方

在以下这些地方发生的性骚扰行为如果是来自有工作关系的人，则可能构成工作场所性骚扰：

（1）在工作场所，包括作为工作场地的公共空间和私人空间。

（2）在职工领取薪酬，休息或就餐，使用卫生、洗涤和更衣设施的场所。

（3）在与工作有关的出行、出差、培训等活动或社交活动期间所在的场所，如培训教室、会议室、酒店、酒吧、餐厅、汽车或火车内等。

（4）通过与工作相关的通信，如电子邮件、网站、微信、QQ 等。

（5）在用人单位提供的住所。

（6）上下班通勤时使用的交通工具内。

（7）其他与工作有关的场所等。

五 对工作场所性骚扰的认识误区

（1）性骚扰事件发生得很少，不会发生在我身上；

（2）性骚扰仅涉及男性对女性的骚扰；

（3）性骚扰只是职工之间的事情，与用人单位没有关系；

（4）通常是因为被骚扰者的穿着打扮、举止轻佻招惹上性骚扰；

（5）如果你不理睬性骚扰，它就会远离你。

第三部分 用人单位如何预防和制止工作场所性骚扰

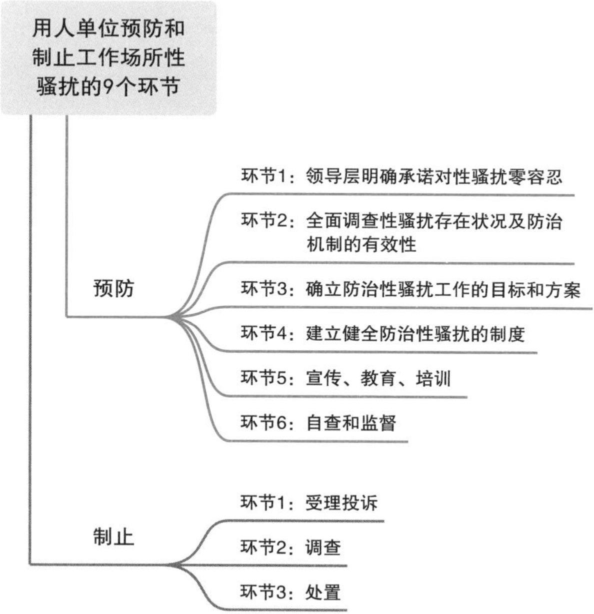
用人单位预防和制止工作场所性骚扰的9个环节
预防
环节1：领导层明确承诺对性骚扰零容忍
环节2：全面调查性骚扰存在状况及防治机制的有效性
环节3：确立防治性骚扰工作的目标和方案
环节4：建立健全防治性骚扰的制度
环节5：宣传、教育、培训
环节6：自查和监督
制止
环节1：受理投诉
环节2：调查
环节3：处置

一 用人单位如何预防工作场所性骚扰

环节1 领导层明确承诺对性骚扰零容忍

领导层高度重视工作场所性骚扰防治工作，承诺对性骚扰行为零容忍。承诺建立以预防为主的制度机制，营造安全、健康、互相尊重、和谐相处的工作环境。杜绝来自领导层的性骚扰行为，并要求各级管理层做好预防和制止工作场所性骚扰的工作。

关注点：高层管理者对性骚扰零容忍的公开声明

①承诺确保安全的无性骚扰的工作环境。

②任何情况下的性骚扰都是不可容忍的。

③性骚扰是法律禁止的违法行为。

④预防和制止工作场所性骚扰将被纳入用人单位规章制度。

⑤任何人违反消除性骚扰的规章制度都将受到纪律处分。

⑥支持性骚扰受害者和知情者对性骚扰依法采取行动，并对此行动进行保护。

实例 1：

某公司将防治性骚扰纳入公司的规章制度，明确高层领导对工作场所性骚扰的零容忍态度。该公司的制度明确规定了公司各级管理者的以下职责：

①向职工告知公司政策：对性骚扰零容忍。

②确保本部门的职工知晓公司相关政策规定：必须及时采取行动预防、制止侵犯性的或不受欢迎的行为，不作为只能使事态变糟；不实施性骚扰；报告性骚扰行为。

③愿意并能够听取投诉，向职工解释公司防治性骚扰的政策和程序。

④认知性骚扰行为模式，敏锐地察觉性骚扰行为的发生，及时采取行动。

⑤给予任何投诉者及时、充分的反馈，立即汇报关于威胁、强行要求、攻击或强奸的投诉。

⑥站在公平公正的立场上，注意保护隐私和名誉——不要泄露信息，除非必要。

⑦做防治性骚扰的榜样。

点评 该公司领导层高度重视工作场所性骚扰防治工作，明确表态对工作场所性骚扰零容忍。防治工作场所性骚扰制度是平等雇用制度的重要组成部分，包括对性骚扰的界定、零容忍政策、受理投诉的机构及其职责、投诉或举报流程以及处理性骚扰投诉或举报的注意事项、对性骚扰者的处罚措施等。高层管理者明确坚决的态度并在规章制度中体现，是预防和制止工作场所性骚扰的第一步。

环节 2 全面调查性骚扰存在状况及防治机制的有效性

在工会和职工代表的参与下，调查本单位性骚扰状况并评估发生性骚扰的风险，调查本单位防治性骚扰制度机制建设及执行情况，提出改进的具体措施。

关注点：打破沉默文化，保证调查情况的真实性

防治工作场所性骚扰制度层面的不完善、工作场所权力关系的存在和权力滥用，以及性别歧视和偏见的长期存在，使很多性骚扰受害者和知情者不敢如实反映本单位性骚扰存在的真实情况。

创建安全、健康、平等的工作环境，有助于消除工作场所性骚扰，并改变对性骚扰沉默的文化。其关键步骤包括：

①高层管理者要在与下级的沟通中表达性骚扰是非法的，在工作场所是不能容忍的。

②高层管理者自身要杜绝性骚扰行为，并对性骚扰投诉作出迅速有效的回应。

③用人单位对职工提出的任何有关性骚扰的问题及时作出回应。

④用人单位及高层管理者支持并鼓励性骚扰知情者报告任何性骚扰行为。

⑤办公场所不放置冒犯性的、露骨的或色情的材料。

⑥分发和展示关于消除工作场所性骚扰的海报和宣传资料。

⑦建立开放式、可视化的办公环境，尽量避免设置独立或私密性、隔音性过强的办公空间。

⑧配备安保人员，并对安保人员进行专业培训；在不侵犯职工隐私权的前提下，在工作场所安装监控设备，且尽量不留监控死角。

⑨定期进行性别审计，以监测性骚扰的发生率和投诉程序的有效性。

⑩制定对投诉人、知情者、证人遭受打击报复的补救措施。

实例2：

某集团公司在全球运营和管理着近千家机构，在管理体系中明确要求把性骚扰作为人权风险的一部分，在公司相关文件和报告中说明性骚扰防治情况，形成社会监督机制，警示各级人员作风检点。公司有年度"性别审计"制度，由实施性别平等的管理部门根据检测标准审核评估本年度包括性骚扰防治在内的性别平等政策实施状况，发现问题及时改进，以确保《员工手册》和集体合同、女职工权益保护专项集体合同、劳动安全卫生专项集体合同中有防治性骚扰条款并以制度保证实施。

为保证整个集团的防治性骚扰数据信息的可靠性，总公司建立了规范的风险审核工作机制，每年对集团的下属公司进行审核。该公司管理层设计并开发可持续发展信息管理平台，将防治性骚扰等人权绩效指标纳入其中，进行管控和宣传。对于性骚扰等社会责任风险制定解决预案，进行事前预防、事中制止、事后处理，快速及时遏制事态恶化，进行定期审核。

点评 该公司立足于人权保障进行人性化

和体系化管理，符合现代企业管理的世界性潮流。该公司建立年度“性别审计”制度以及风险审核工作机制，在信息管理平台中纳入防治性骚扰等人权绩效指标，进行管控和宣传，有助于了解集团公司包括性骚扰在内的促进工作场所性别平等和职工人权保障等各方面制度存在的问题，以便更有针对性地及时采取对策措施进行整改。

环节3 确立防治性骚扰工作的目标和方案

确立消除工作场所性骚扰的工作目标，制定预防和制止性骚扰的策略和具体方案。确立责任部门和责任人员牵头处理本单位防治性骚扰的相关工作，明确高层管理者负责组织消除工作场所性骚扰规章制度的制定、实施和过程监督。

关注点：明确负责部门、责任到人

工作场所性骚扰防治工作必须明确由高层管理者牵头、督导，并确定预防和制止工作场所性骚扰各个环节的负责部门和负责人员。一般来说，性骚扰防治主管部门可以放在用人单位的党委纪检部门、组织人事部门（人力资源管理部门）、劳动争议调解委员会及类似的内部机构中。其成员的性别应相对均衡，以免投诉人或举报人面对异性难以启齿。管理者和负责人员的不作为将视为失职并受到相应的处罚。除了上述部门，工会和工会女职工组织也应接受性骚扰投诉，积极参与和监督相关制度的制定和执行。

实例 3：

为创造安全、健康、平等的工作环境，使职工的人格尊严权、平等就业权、隐私权、劳动安全卫生权等人权得到保障，某集团公司人力资源部门、工会共同推动建立了防治工作场所性骚扰内部机制，包括性骚扰防治机构、性骚扰防治制度、处理性骚扰举报与投诉的流程和措施、专题培训与宣传、实施办法等。

性骚扰防治机构设在集团人力资源部门，由5人组成，其中3名女性，2名男性，负责人由人力资源部门主管担任。该机构的主要职责有：

（1）调查本单位性骚扰防治状况以及存在的问题，研究其根源并提出对策建议。

（2）参与制定性骚扰防治措施。

（3）受理性骚扰举报、投诉。

①对举报、投诉进行调查；

②采取适当措施及时处理性骚扰行为，包括：警告、记过、降级（除职）、调离原岗位、解除劳动合同等；

③要确保举报者不受同一人继续骚扰；

④要尽最大可能保护当事人的隐私；

⑤要确保举报者和证人不会受到报复。

点评 在该集团公司工作场所性骚扰防治工作中，人力资源部门和工会都发挥了重要作用。集团工会协助公司建立了《防治性骚扰制度》，并充分发挥工会女职工委员会职能，积极参与和监督本单位性骚扰防治工作，及时发现、反映、督促及协调参与解决职工遭受工作场所性骚扰的问题。此外，工会组织面向所有职工开展防治性骚扰培训，定期在厂报、厂内板报对防治性骚扰政策、投诉机构及职工和集团在防治性骚扰中的权利义务等内容进行宣传。只有明确工作场所性骚扰防治工作各个环节的负责部门和负责人员，才能真正将性骚扰防治工作落到实处。应该注意的是，除了明确负责部门和负责人员的工作职责，用人单位的规章制度中也应明确管理者和负责人员的不作为将视为失职而应受到相应的处罚。

环节4 建立健全防治性骚扰的制度

用人单位可以制定关于消除工作场所性骚扰的专项规章制度，也可以将防治性骚扰纳入更广泛的禁止工作场所各种歧视和骚扰的规章制度，并确保把消除工作场所性骚扰纳入用人单位现有的核心管理制度与实践中。

（1）把预防和制止工作场所性骚扰纳入用人单位现有制度。

①宣传教育培训制度：预防和制止工作场所性骚扰应纳入单位职工手册以及职工入职培训、人力资源管理培训、劳动争议调查处理培训、工会干部培训、安保人员培训等各项培训中，并组织开展宣传教育活动保证所有管理者和职工熟知工作场所性骚扰防治制度。

②招聘和就业保障制度：招聘和聘用决定应该基于求职者的资质和岗位要求，招录程序应该公开透明；入职、转岗、裁员、解雇、离职等方面的相关规定、程序和做法都应确保公平；重大人事决定应集体决策，并有工会组织和职工的参与和监督，防止权力过于集中滋生交换型性骚扰。

③培训、晋升和奖励制度：公开宣传所有培

训及晋升信息，采用公正客观的绩效评估体系来衡量职工的工作表现，以确保评估和晋升都是在能力和绩效的基础之上做出的。建立公平的评价机制，用人单位开展的各种评优、评奖活动都应予以公示，使所有职工了解获得奖励的机会。通过建立科学、民主、透明的职业发展和评估奖励制度，保障职工不会因为获得培训、晋升和奖励机会而遭受性骚扰。

④薪酬制度：工资福利分配应根据工作的价值以及职工的资历、工作表现和贡献来确定，避免因决定职工薪酬的权力缺乏约束而产生交换型的性骚扰。

⑤职业安全健康管理制度：建立劳动保护制度和女职工劳动保护制度，预防性骚扰行为的发生，以避免损害职工的身心安全和健康；注重对性骚扰受害者的人文关怀和心理疏导，促进职工心理健康。为减少性骚扰的发生，建立开放式、可视化的办公环境，尽量避免设置独立或私密性、隔音性过强的办公空间；配备安保人员，对安保人员进行专业培训；在不侵犯职工隐私权的前提下，在工作场所安装监控设备，且尽量不留监控死角。

⑥集体协商制度：将工作场所性骚扰纳入集

体协商调研，通过问卷调查、访谈等方式调查了解本单位性骚扰情况；将预防和制止工作场所性骚扰纳入集体协商议题、集体合同及女职工专项集体合同、劳动安全卫生专项集体合同；将调查了解到的相关制度及制度执行、性骚扰存在的隐患等问题纳入监督履约范围。

⑦合同制度：把对性骚扰零容忍的条款写入劳动合同和对外的协议或合同。将“不实施性骚扰”写进劳动合同的劳动者义务中，并在解除劳动合同情形中增加性骚扰作为严重违纪情形之一。在对外的协议或合同中增加“任何一方均不得实施工作场所性骚扰”的条款，以防止和应对来自客户、顾客、合作伙伴等第三方的性骚扰。

⑧劳动争议调查处理制度：明确性骚扰处理机构和职责，确保职工知晓了解申诉及处理程序。确保相关问题得到有效解决，投诉性骚扰的职工不受打击报复。

⑨企业社会责任管理体系：工作场所性骚扰属于一种就业性别歧视，按照SA8000、OHSAS18000等认证标准的要求，消除就业歧视、促进性别平等、确保职业安全与健康是企业社会责任管理的核心内容。

（2）消除工作场所性骚扰规章制度的主要内容。

任何消除工作场所性骚扰的规章制度至少应该包括以下方面：

①明确表明对性骚扰的态度。

②明确告知什么是性骚扰。

③明确什么是工作场所性骚扰，规章制度中应包括：

- 工作场所性骚扰的定义。
- 列举常见的工作场所性骚扰行为。
- 列举工作场所性骚扰可能发生的主要地点。
- 列举可能的工作场所性骚扰实施者和受害者。

④要告知全体职工，性骚扰是违法行为，性骚扰实施者可能受到法律制裁。详细说明对性骚扰行为的制裁方式，特别是实施性骚扰的后果。根据性骚扰行为的严重程度，制裁方式可能包括：警告、记过、降级（除职）、调离原岗位、解除劳动合同等。党员还要按党规党纪处理。

⑤设立防治工作场所性骚扰的机构，明确投诉程序。

规章制度应明确本单位性骚扰防治工作的机构，并告知全体职工，如果他们在工作场所受到性骚扰或者是性骚扰的知情者，他们可以去哪里寻求帮助。

用人单位应建立一个内部投诉程序，以解决性骚扰问题。这可以是针对性骚扰投诉的独立程序，也可以是处理一系列工作场所投诉（包括性骚扰）的更广泛的程序。

用人单位可以自由制定一个灵活的程序，以适应其组织的规模、结构和资源。在决定建立哪种类型的程序时，用人单位必须牢记性骚扰投诉的潜在敏感性。

为便于职工投诉和举报，应设置热线电话、传真、专用信箱（包括电子信箱）等。对于具体的处理程序，可以画出流程图，并列举详尽的注意事项。例如，在可能的范围内保密处理，并告知任何人不得报复投诉人、举报人和证人等。

投诉程序应透明、高效、保密和公平。用人单位应确保：

- 所有职工了解投诉的流程。
- 有关投诉的信息只提供给那些需要了解情况从而正确处理投诉的人。
- 职工收到针对他们性骚扰指控的通知，并有机会回应这些指控。
- 有一个明确的调查投诉程序。

- 对性骚扰投诉的处理是公正的，无偏见的。

用人单位也应当告知可以给性骚扰受害者提供支持的外部机构以及救济途径，比如向公安机关报案、到法院起诉等。

⑥明确保护措施，禁止打击报复。规章制度中应鼓励全体职工采取行动消除工作场所性骚扰，确保性骚扰投诉人、举报人、证人和性骚扰事件处理人免受任何伤害或报复。在调查过程中，也应注意对被举报人隐私权和名誉权的保护。还应包括性骚扰知情者以及积极干预性骚扰的知情者的角色、权利和责任等信息的保护。

关注点：

1. 建章立制

建立明确和完善的预防和制止工作场所性骚扰规章制度是用人单位有效防治性骚扰的前提和关键。

2. 加强权力控制，有效减少工作场所性骚扰的发生

加强人力资源管理，完善用人单位各项规章制度，在招聘、录用、培训、晋升和奖励、薪酬福利分配、转岗、裁员、解雇、离职等方面都要保证程序公开透明、公平公正；重大人事决定有工会组织和职工的参与和监督。通过建立科学、民主、透明的就业、职业发展、评估奖励和薪酬制度，防止权力过于集中引发性骚扰。

实例 4：

某集团公司建立了较为完善的消除工作场所性骚扰规章制度，并加强对职工的培训和宣传，以积极预防性骚扰行为的发生，而且建立了专门的受理投诉机构和惩罚措施。其中关于工作场所性骚扰的定义以及职工和集团在防治性骚扰中的义务的规定如下。

一、工作场所性骚扰的定义

工作场所性骚扰，是指任何人在工作场所实施的、不受欢迎的、具有性含义的语言（包括电子信息）或肢体等行为。

1．工作场所

（1）职工日常办公场所；

（2）职工在日常办公场所之外履行职责的

场所——客户的办公室、商务出行的目的地、商务餐场所、营业部、客户的家中；

（3）本职工作的适当延伸——集团组织的旅行、集团组织的社交活动、下班后的聚会等场所。

2．不受欢迎的

（1）对方不欢迎并感到不舒适的语言或行为；

（2）对方看似接受了但实际上并不欢迎的语言或行为。

3．具有性含义的语言或行为

（1）具有性含义的玩笑和戏弄；

（2）持续邀请共同进餐或约会；

（3）故意传播具有性含义的谣言；

（4）询问或告知性经验；

（5）传播并展示裸体画和具有明显性内容的图像；

（6）不必要的肢体触碰；

（7）要求发生性关系等。

二、职工和集团在防治性骚扰中的义务

1．每个职工均不得有性骚扰行为。

2. 每个职工均有举报性骚扰行为的义务。

3. 性骚扰实施者不得报复投诉人、举报人、证人，否则将受到惩处。

4. 对实施性骚扰者，集团根据情节轻重予以惩戒，对情节严重者，解除劳动合同。

点评 该集团公司于2007年就出台了性骚扰防治制度，是国内首家建立防治性骚扰制度的国企。该集团公司在相关规章制度中明确性骚扰的定义，并对工作场所的含义以及可能构成性骚扰的行为进行列举。此外，该集团公司的规章制度中对于受理投诉的机构、受理投诉机构的职责、防治性骚扰培训与教育也都作出明确规定。该集团在防治性骚扰方面的经验可以供其他用人单位参考。

实例5：

某集团总公司认识到用人单位建章立制是防治工作场所性骚扰最有效的措施，因此运用全面风险管理的方法和手段，要求相关部门各司其职，建立防治性骚扰的立体防控体系。

党委纪检部门、组织人事部门（人力资源管理部门）、工会和工会女职工委员会、综合治理办公室分别通过工作作风建设、工会民主管理、女职工劳动保护、社会治安综合治理等多角度、多方位采取措施防治工作场所性骚扰。

1. 作为党风廉政建设和作风建设的一部分。

2. 作为人力资源管理工作的重要内容。

3. 纳入总公司签订的女职工权益保护专项集体合同。

4. 纳入公司普法活动，各级工会女职工委员会认真组织职工学习《中华人民共和国民法典》《中华人民共和国妇女权益保障法》《女职工劳动保护特别规定》等法律法规，提高职工的法律意识和依法维权能力。

5. 作为工会和女职工委员会活动的重要内容。

6. 作为综合治理和纪检监察监督工作的重要内容。

7. 纳入风险管控体系。

集团总公司要求下属公司在文件体系中补充缺失的规定和细则。例如，将防治性骚扰等社会责任的内容纳入女职工委员会工作管理制度、女职工权益保护专项集体合同等。

点评 该集团之所以主动建章立制，是因为领导高度重视此项工作，认为预防和制止工作场所性骚扰是企业的责任，是对人权的尊重和保障。因而将防治工作场所性骚扰作为建设和谐劳动关系和企业文化的重要组成部分，营造良好的工作环境，防患于未然，使尊重人权、保障人权成为企业的自觉行为。在建章立制中，企业将防治性骚扰纳入女职工权益保护专项集体合同条款，同时，也应纳入集体合同条款，因为性骚扰不仅针对女职工，而且需要男女职工共同遵守相关制度，共同参与和监督制度的制定和执行。

实例 6：

熊某诉其所在公司劳动争议案，是一起公司维修主管状告公司非法解聘的纠纷，其中涉及性骚扰问题。被告公司的规章制度中无“性骚扰属于严重违纪”条款，而该公司以原告的性骚扰行为严重违纪为由将其辞退，熊某要求继续履行劳动合同。

公司所在地的县级法院审理查明，原告熊某任被告公司的维修主管，在工作期间，对同一办公室的女职工多次性骚扰，主要行为有语言挑逗、通过电脑网络发送黄色照片以及趁女职工不注意时触摸女职工的身体等。被告公司经过调查，确认了原告的性骚扰行为，找原告谈话进行教育，但原告拒不接受。2007 年 8 月，被告公司依据《中华人民共和国劳动法》第二十五条第一款规定“劳动者严重违反劳动纪律或者用人单位规章制度的，用人单位可以解除劳动合同”以及被告公司《员工奖惩条例》的规定，作出了解除与原告劳动关系的决定。上述事实，有原、被告的当庭一致陈述，被告公司的调查材料，受害女职工的当庭证词和相关录音资料，被告公司的《员工奖惩条例》，仲裁裁决书，仲裁庭审理笔录以及原、被告的身份资料等证据在案为证。

2009 年 3 月，该县级法院作出一审判决，驳回原告熊某的诉讼请求。原告熊某对此不服，提出上诉。2009 年 7 月，中级人民法院作出终审判决，驳回上诉，维持原判；并将此案作为“示范性案例”要求辖区法院参照执行。

点评 本案的争议焦点之一为被告公司的规章制度中无“性骚扰属于严重违纪”条款，法院不得不从“兜底条款”中找到了解聘依据。被告公司的《员工奖惩条例》“违反纪律”规定中“犯有其他严重错误的”，规定：“严重的违反纪律，指的是个人行为给公司造成了恶劣的后果，或损害公司利益，使公司形象受损，或纠正面谈后，仍多次重复以上行为。”

可见，用人单位建立完善的规章制度至关重要，是用人单位在性骚扰实施者提起的违法辞退案件中胜诉的有力依据。在经过民主程序制定的规章制度中，应当细化性骚扰的行为方式和具体表现，明确规定性骚扰是严重违纪行为，是解除劳动合同的情形之一；并增加如“其他严重违反公序良俗和社会道德的行为”等“兜底条款”。

环节 5 宣传、教育、培训

通过现场宣讲、电话会议、电子信息传输以及在宣传栏张贴相关规章制度和宣传画等方式进行持续性的明示、教育和培训，让全体职工知悉本单位禁止性骚扰的规定，也让客户、顾客了解性骚扰是不被容忍的，鼓励全体职工同性骚扰行为作斗争。工作场所性骚扰重在预防，所有职工应了解与性骚扰有关的规章制度及自身的权利和义务。

（1）广泛宣传消除工作场所性骚扰的规章制度。

①在高级管理层的支持下，在全体职工会议上正式启动防治性骚扰规章制度。

②通过电子邮件将规章制度发送给全体职工，并清楚地向晋升到管理职位的职工解释所有与防治性骚扰有关的新职责。

③在内部网络、办公室公告板和新职工入职手册中展示规章制度。

④要求所有职工签署一份政策副本，确认他们理解该内容。

（2）持续的培训。

用人单位可组织专门的消除工作场所性骚扰的培训，也可把性骚扰培训纳入包括入职培训在内的各种核心培训之中。培训须做到以下几点：

①具有较强的互动性。

②明确表明用人单位对性骚扰零容忍的态度。

③阐明什么是工作场所性骚扰。

④告知相关的法律规定。

⑤告知性骚扰投诉程序和处理机构。

⑥告知性骚扰的惩戒措施。

⑦告知性骚扰受害者维权的注意事项。

⑧告知性骚扰知情者的角色、权利和责任。

⑨告知单位主管的应对措施，以及单位主管的所有其他责任。

关注点：

1. 宣传培训需要反复进行，保证人人皆知

通过持续性的宣传、教育和培训，让有机会进入本单位工作场所的所有人都知悉本单位禁止性骚扰的制度。

2. 鼓励全体职工同性骚扰行为作斗争

培训中应鼓励性骚扰知情者出面干预工作场所性骚扰。知情者是指那些直接看到或者听说发生工作场所性骚扰的人。

在以下情况下，性骚扰知情者的干预行动

更有可能成功：用人单位积极促进建立性别平等和彼此尊重的工作环境和人际关系；高层管理者明确对性骚扰零容忍的态度；知情者知道面对工作场所性骚扰应该如何采取行动；知情者相信，出面干预工作场所性骚扰的行为，将得到同事和用人单位的支持，并且不会因采取行动而受到打击报复。

用人单位可以通过以下方式鼓励性骚扰知情者采取行动：(1) 制定针对性骚扰知情者行动的规章制度和指南。(2) 提供关于知情者行动的教育和培训。(3) 创造鼓励举报性骚扰的工作环境：鼓励高层管理者公开提倡知情者采取行动；提供多种沟通渠道举报性骚扰；及时回应性骚扰举报；为负责处理性骚扰举报的人提供培训。

实例 7：

某公司在工作场所张贴标语等宣传材料，明确禁止在工作场所发生任何暴力与性骚扰。将防治性骚扰制度印成小册子发到每位职工的手中，并将性骚扰知识及应对方法纳入全员培训课程。培训方式多样化，包括管理者现场宣讲、专家现场讲座、职工参与式培训，电话会议、视频交流，微信群、群组邮件电子信息传输，录制《什么是性骚扰》培训光盘以及在宣传栏张贴培训要点，等等。公司将性骚扰列为一种严重违纪行为并明确处罚原则，且告知第三方本公司有禁止性骚扰政策。通过持续性的宣传、教育和培训，让有机会进入本单位工作场所的所有人都知悉本单位禁止性骚扰的政策。

点评 该公司非常重视培训工作，将对管理层和职工的培训纳入公司常规行为。管理层和职工通过培训，获知性骚扰防治的有关信息。管理者认识到为职工提供良好的工作环境，不仅使之内化为公司的一种理念，而且被视为营造良好信誉、促进长远发展的基石。性骚扰防治根本不是增加企业成本与否的问题，而是企业本来就应尽的义务。

实例 8：

某公司在做性骚扰认知培训时，培训师使用“情景模拟法”组织互动培训。

展示“经理强吻女下属案”。公司经理刘某向女职工陈某求爱，陈某当场表示“对不起！刘经理，我已经有男朋友了”之后，刘某继续纠缠，强行用手臂扼住陈某的颈部强吻其嘴唇，陈某反抗疾呼“救命”。恰巧隔壁有财务经理正在加班，闻声直接报警。巡警很快出警。之后检察院介入，起诉到法院。刘某的律师在法庭上所做的无罪辩护的理由是，刘某真诚求爱，并无性骚扰的动机，只是表达的方式不妥。

其一是学员互动讨论：认定性骚扰事实是

否需要实施者基于性骚扰的主观故意，刘某的律师进行无罪辩护的理由是否成立。

其二是演示受理投诉之后的处理过程。两位学员分别扮演受理投诉的经理和投诉人，演示经理处理性骚扰投诉的过程，然后由其他学员评价。培训师引导学员思考投诉人最需要的是什么，最担忧的是什么。

点评 互动参与式的培训有助于更好地帮助职工识别并应对工作场所性骚扰。该公司组织的培训中，通过互动，职工学会了性骚扰与求爱之间的分水岭：出现了不受对方欢迎的言行；认定性骚扰事实不需要实施者基于性骚扰的主观故意；性骚扰情节严重的构成性侵害犯罪。“经理强吻女下属案”的结果是：2008年6月，法院根据《中华人民共和国刑法》第二百三十七条第一款之规定，“以暴力、胁迫或者其他方法强制猥亵他人或者侮辱妇女的，处五年以下有期徒刑或者拘役”，认定刘某的行为构成强制猥亵妇女罪，从轻判处拘役5个月。

培训中，通过演示受理投诉之后的处理过程，引导出采取隔离措施防止二次伤害的紧迫性以及重申尽量保密、不得报复的规定和及时调查的重要性。职工在换位思考中领悟到负责任的经理应当如何妥善处理性骚扰受害者的投诉。

环节 6 自查和监督

监测性骚扰防治方案实施情况，将实施的进展和面临的问题及时与有关各方沟通，并有针对性地提出改进方案和措施，以防止性骚扰的发生。建立工会及职工评议、监督制度，明确工会参与、监督的权利和职责，保证男女职工享有平等的知情权、参与权、表达权和监督权。

关注点：用人单位和工会根据检查清单定期进行自查和监督

检查清单（以企业为例）

企业需要在每个问题后勾选“是”“否”或者“不确定”。如果答案大多数为“是”，说明企业在预防和制止工作场所性骚扰方面做得很好；而答案若为“否”或“不确定”，企业则需要采取措施加以改进。

您所在企业是否积极预防和制止工作场所性骚扰？	是	否	不确定
1. 规章制度中包含对工作场所性骚扰零容忍的表述			
2. 规章制度中举例说明哪些是工作场所性骚扰行为			
3. 宣传并确保所有管理层和职工都了解企业有关消除工作场所性骚扰的规定			
4. 对全体职工进行预防和制止工作场所性骚扰的培训			
5. 实行安保措施，例如配备安保人员和电子监视等有形基础设施，以防止工作场所性骚扰			

续 表

您所在企业是否积极预防和制止工作场所性骚扰?	是	否	不确定
6. 职工遭遇工作场所性骚扰时有解决投诉的部门			
7. 对工作场所性骚扰有明确的调查投诉程序			
8. 配备训练有素的工作人员处理工作场所性骚扰投诉			
9. 明确规定企业应为性骚扰投诉者保密			
10. 有预防性骚扰实施者对投诉人、处理人进行报复的措施			
11. 明确规定对工作场所性骚扰的惩罚措施			
12. 采取保护行动，改变工作分配，以便性骚扰实施者与投诉人没有直接工作接触			
13. 采取保护措施，在调查期间允许投诉人带薪休假或无薪休假			

续 表

您所在企业是否积极预防和制止工作场所性骚扰?	是	否	不确定
14．工会组织参与并监督企业建立预防和制止工作场所性骚扰的制度和措施，并参与处理工作场所性骚扰的投诉			

二 用人单位如何制止工作场所性骚扰

环节 1 受理投诉

明确投诉举报受理部门及人员，设置电话、传真、信箱、电子邮箱等多种形式投诉举报渠道；确保职工可以通过保密方式对性骚扰行为进行投诉；采取措施确保提出投诉的职工不受纪律惩戒和报复；建立并完善对性骚扰投诉的记录、解决及跟进的各项程序。

关注点：渠道畅通，明确受理部门和人员，及时处理

投诉人可以通过热线、邮箱等向投诉机构投诉，也可以向其直接上级主管领导提出投诉。如果主管是性骚扰实施者，也可以向其他上级领导投诉。用人单位可以确定专人作为性骚扰的联络人和投诉负责人。联络人通常从用人单位的各个部门和级别的职工中挑选。

联络人应：

①听取投诉。

②提供有效信息。

③作为支持人员协助投诉人或被指控的骚扰者。

联络人不应：

①调查投诉。

②同时支持双方。

③建议特定的行动过程。

④披露有关投诉的信息。

职工应该清楚，最初的性骚扰联络人并不是调查投诉或就投诉作出决定的人。这个最初的联络人只能对提出投诉的人提供支持。

投诉负责人在管理性骚扰投诉方面发挥着积极作用，通常在一个用人单位中具有相对较高的职位。一些用人单位将正式的投诉程序外包给专业顾问，但应有用人单位管理者共同参与。规模比较小的用人单位可以由单位负责人自己或者任命一名高级管理者作为投诉负责人。

在可能的情况下，用人单位应尽量培训、任命男性和女性两种性别的性骚扰联络人和投诉负责人。任何有责任处理投诉的人都应接受有关性骚扰方面投诉处理的专门培训。

有些被骚扰职工可能以提交辞职信的方式指明公司未提供劳动条件，“未提供劳动条件”的背后可能是其被骚扰的现状，用人单位的受理投诉人员应注意这一特殊投诉方式的处理，尽早辨别问题并进行介入干预。

实例 9：

某公司设立多种举报违规行为的途径，职工遭遇工作场所性骚扰可以向公司或各业务集团的监察员、直接经理或其他管理人员、人力资源部经理或法律顾问举报、投诉。该公司坚持“两个确保”：一是确保举报人不受同一人继续骚扰，包括隔离以避免再次接触；二是确保举报人不会受到报复。

点评 该公司认为职工投诉是促进公司改正错误，使公司更好发展的重要支点，因此设置了较为完善的性骚扰投诉机制。但是除了明确受理投诉的部门和人员，还应该设置电话、传真、信箱、电子邮箱等多种形式投诉举报渠道；确保职工可以通过保密方式对性骚扰行为进行投诉；建立并完善对性骚扰投诉的记录、解决及跟进的各项程序。

关注点：以下投诉举报不予受理：

（1）冒充他人投诉举报的。

（2）未提供投诉事实内容的。

（3）没有明确的被投诉举报人的。

（4）之前未被受理且未提出新的证据重新投诉举报的。

（5）所涉同一投诉举报事项已处理完毕的。

（6）投诉举报人已就同一事项向其他部门投诉举报且被受理的。

（7）其他不予受理的情形。

环节2 调查

（1）对性骚扰的投诉进行有效调查。

在接到性骚扰投诉后，用人单位必须立即采取行动开展调查，并在适当情况下提供补救措施。

调查可以由投诉负责人进行，或者在某些情况下（例如，对高层管理者提出指控时）由上级主管部门组织调查组或聘请外部专业顾问进行。调查通常包括收集相关信息，调查是否发生性骚扰，并根据需要采取适当的补救措施。

为确保一致性和公平性，用人单位应记录正式投诉调查所涉及的步骤，并提前明确告知当事人投诉流程。通常的程序包括与当事人面谈和审查相关证据，以确定投诉是否具有足够的实质性内容以及可以采取的补救措施。然后编制一份调查报告，记录投诉、调查过程、调查结果和建议的处理结果。重要的是向投诉人和被投诉人解释，他们将有机会在报告定稿和作出最终决定之前对针对他们的指控进行回应。

负责调查投诉的人应考虑所有可用的证据，综合判断性骚扰发生的可能性。相关证据可能包括主管报告、证人证言、电子邮件、短信或投诉人的个人记录。重要的是，即使没有足够的证据证明投诉属实，也不意味着性骚扰没有发生或指控不真实。调查结果可能是发生了或者没有发生性骚扰，或者无法得出结论。

用人单位应采取防止投诉人、证人、投诉联络人、投诉负责人等遭到报复和伤害的保障措施，以确保投诉的结果不会以任何方式使投诉人等相关人处于不利地位。

（2）保留投诉的记录并注意保密。

用人单位应对所有性骚扰的报告和投诉进行保密记录（包括没有通过完整的投诉调查程序的报告和记录）。用人单位还应就如何记录性骚扰投诉制定明确的规定，并确保所有职工都了解其在用人单位相关规章制度下的义务。用人单位记录的信息类型和程度将受到一系列因素的影响，包括投诉的正式程度。

在收到正式性骚扰投诉的情况下，用人单位至少应保存以下记录：

①被指控的性骚扰行为的投诉。

②已由相关人员审查和认可的被指控的骚扰者、证人和任何其他相关个人的陈述。

③调查人员进行的访谈，尽可能使用被访谈者的原话。

④与调查有关的其他关键文件，包括调查结果和针对指控采取的任何行动。

如果用人单位确定职工存在性骚扰他人的情况，也应在职工的人事档案中记录调查结果。用人单位可以在一段合理的时间后从人事档案中删除该记录，前提是确信没有再实施其他骚扰行为。

用人单位应在合理期限内保留与性骚扰调查有关的记录。记录将帮助用人单位确定他们对最初的投诉采取了什么行动，并有助于解除或减少他们对性骚扰的责任。

用人单位应将与性骚扰指控有关的所有书面记录存放在上锁的档案室或资料柜中，并规定只有被授权人员可以查阅这些记录。此外，用人单位应采取适当的保障措施，确保与性骚扰指控（如电子邮件、电子文件）有关的电子记录的安全。

用人单位应注意，如果用人单位知道性骚扰的指控，或发现工作场所性骚扰，但没有采取任何行动，用人单位就可能因为没有履行预防和制止工作场所性骚扰的法律义务而涉及法律诉讼并承担法律责任。

关注点：调查程序和结果公正、公开，保护当事人的隐私

调查程序和结果应该公正、公开，但是具体的调查过程和内容需要保密，注意保护当事人的隐私。

环节 3 ▶ 处置

建立健全性骚扰处置、惩戒的制度措施，并确保惩戒措施的公正和有效执行。对性骚扰实施者按照用人单位规章制度中列举的惩戒标准及措施追究其责任。

在规章制度中详细列举对性骚扰实施者的惩戒措施及相关依据，一方面有利于人力资源管理者处罚性骚扰实施者时具体操作；另一方面对潜在的性骚扰实施者也可以起到警诫作用。惩戒措施可以包括警告、记过、降级（除职）、调离原岗位、解除劳动合同等。党员还要按党规党纪处理。用人单位可建议性骚扰受害者追究实施者的法律责任，也可以要求性骚扰实施者参加或者重新参加防治工作场所性骚扰的培训。

惩罚的措施取决于若干因素，比如：

①性骚扰的严重性（如出格笑话与多次触摸的区别）。

②惩罚、警诫的必要性。

③性骚扰者是否有前科。

④与本公司性骚扰先例的一致性。

关注点：避免对性骚扰受害者的二次伤害并采取补救措施

①防止对性骚扰受害者的二次伤害。

首先，管理者不能仅考虑商业利益而放纵性骚扰行为，而要及时采取隔离措施，防止职工受到二次伤害。其次，在人事管理中，如果职工因不堪忍受性骚扰，要求调离该工作岗位、拒绝继续为该顾客/客户服务，用人单位不得因此降薪、降职或将其辞退。即使受害人请假手续不完备，也要慎用"因旷工而开除"等解除劳动合同的方式。

②及时采取补救措施。

职工因拒绝性骚扰致使发生下列情形之一的，用人单位应及时采取补救措施：

· 被剥夺晋升机会的。

· 被取消参加培训、参评先进等奖励或者福利资格的。

· 被调换岗位或者工作地点、减薪、降级或者撤职的。

· 被扣发奖金、提成或者被罚款的。

· 被开除、辞退或者被迫辞职的。

· 因报复而影响职位和待遇的其他情形。

除了在个别案件中采取补救措施，用人单位最好对工作场所进行系统性的改变，以防止性骚扰的再次发生，并避免职工认为性骚扰是可以容忍的。例如，向所有职工重新发布歧视和性骚扰规章制度或行为准则。

即使性骚扰指控未被承认或证实，用人单位仍应采取措施防止未来可能在工作场所发生的性骚扰。例如，完善防止和应对性骚扰的内部流程、提供培训并提醒职工不要对他人进行性骚扰等。

③建立保护措施以防止相关人受到报复和伤害。

用人单位应制定保障措施，确保与性骚扰投诉有关人员（包括投诉人和任何第三者）不受报复和伤害。

实例 10：

某公司《员工手册》和《女职工权益保护专项集体合同》中对处理性骚扰的流程进行了规定。该公司通常指定女性负责人专门负责调查处理工作场所的性骚扰事件，并对负责人提前进行岗前培训。

公司制定了公开透明的受理性骚扰投诉处理的流程：受理投诉——安抚受害人——通过隔离等措施防止二次伤害——申明公司有保密和防止投诉人、举报人和证人受到报复的措施——及时调查处理。

点评 该公司把性骚扰防治作为企业社会责任管理体系中的核心内容之一，具有可操作性。该公司在《员工手册》和《女职工权益保护专项集体合同》中增加防治性骚扰条款，而且针对工作场所中的性骚扰、不平等待遇以及其他歧视性行为设立了专门的申诉机制，并且通过广泛而持续的宣传和培训，让所有职工都了解如何使用该申诉机制。工作场所性骚扰的处理有其特殊性，使用一般的申诉管理办法可能无法有效解决性骚扰问题。用人单位应建立保密的申诉和解决机制，保证职工遭遇性骚扰或报复时可以行使投诉的权利；有解决投诉的部门/机构；配备训练有素的工作人员处理工作场所性骚扰问题；保证性骚扰投诉能够有效、公正、保密地处理；要给予性骚扰实施者足够的惩罚。该公司预防和制止工作场所性骚扰的制度规范及其实施机制有效避免了企业因发生性骚扰事件引发的法律风险，保障了职工队伍稳定，提升了品牌价值和生产率。

2018 年 12 月最高人民法院在《民事案件案由规定》中增加了“性骚扰损害责任纠纷”这一新的案由。对于工作场所性骚扰行为，职工可以依据这一案由向法院提起诉讼。

第四部分

工会如何促进用人单位预防和制止工作场所性骚扰

一 加强源头参与

工会应积极推动和参与国家及地方消除工作场所性骚扰方面的法律政策的制定，并促进用人单位在人力资源管理制度和日常工作中纳入性骚扰防治的措施，督促用人单位制定预防和制止工作场所性骚扰的目标及实施方案、为工作场所性骚扰的防治配备资金和人员，协助用人单位建立评估、自查体系和争议处理机制。

推动和参与用人单位进行工作场所性骚扰状况的调查，调查可采用问卷或者访谈、座谈等方式，了解职工的相关困惑和诉求，针对发现的问题提出改进措施。工会也可以进行专题调研，参访示范单位，找出本单位与示范单位之间的差距；撰写调研报告，提交决策层作为改进此项工作的参考建议。

参与并监督企业建立预防和制止工作场所性骚扰的制度机制。工会应当关注性骚扰防治内容是否纳入了用人单位的管理体系，着重审查单位规章制度有无性骚扰防治条款，是否落实了《中华人民共和国民法典》《中华人民共和国妇女权益保障法》及《女职工劳动保护特别规定》关于用人单位有预防和制止性骚扰义务的规定以及地方法规的相关规定。推动用人单位规章制度在现有法律法规基础上进行具体化，明确工作场所性骚扰的认定、负责机构和人员、投诉程序、处理和惩罚机制等，并建立持续的宣传和培训制度。

二　参与并监督预防和制止工作场所性骚扰制度机制的实施

在建章立制之后，工会协助用人单位健全实施监测制度，包括监测指标、监测时间、改进措施等。依据监测标准及时评估、反馈，发现问题分析原因，及时解决。积极做好总结、存档和宣传、教育及培训工作。工会参与用人单位对工作场所性骚扰投诉或举报的处理过程，发现其中存在任何问题，均应及时提出改正建议。

三 为工作场所性骚扰受害者维权提供支持

1. 畅通投诉渠道，为职工提供法律咨询服务。

2. 协调和参与性骚扰投诉的调查处理工作。

3. 提供法律援助，协助取证，必要时督促用人单位建立专案调查组。

4. 支持、协助受害者用法律手段维权。

5. 在必要时为受害者提供专业心理疏导服务。

关注点：

1. 充分发挥集体协商在预防和制止工作场所性骚扰中的作用

工会应广泛征求职工意见，把预防和制止工作场所性骚扰纳入集体协商议题，提高女职工的参与度和代表性。将消除性骚扰等内容纳入集体合同和女职工权益保护专项集体合同、劳动安全卫生专项集体合同的协商中，在集体合同尤其是专项集体合同中增加防治性骚扰条款。将男职工也纳入保护对象，确保男女职工均免受工作场所性骚扰的伤害。

2. 充分发挥工会女职工委员会在预防和制止工作场所性骚扰中的作用

充分发挥工会女职工委员会职能，积极参与和监督本单位性骚扰防治工作，及时发现、反映、督促并协调参与解决女职工遭受工作场所性骚扰的问题。

3. 依托工会劳动法律监督制度加强对工作场所性骚扰防治工作的法律监督

通过提示函、工会劳动法律监督意见书和工会劳动法律监督建议书等，提示用人单位落实预防和制止工作场所性骚扰等法律法规，对违反相关法律法规的用人单位提出督促整改意见、依法查处建议，加大监督检查工作力度，推动用人单位建立健全预防和制止工作场所性骚扰制度机制并落实整改。

4. 进行预防和制止工作场所性骚扰的宣传和能力建设

提高工会干部自身在工作场所性骚扰防治方面的能力。积极借助专业力量，协助用人单位面向管理者及其他职工开展消除性骚扰的宣传、咨询、培训，在用人单位经营管理和人力资源管理等实际工作中对性骚扰防治提供指导、服务和监督。

第五部分

职工如何积极参与预防和制止工作场所性骚扰

一 职工如何参与预防和制止工作场所性骚扰

（1）参加学习和培训：全体职工都要主动学习相关法律法规，积极参加消除工作场所性骚扰的相关培训，了解免受性骚扰是一项基本人权。

（2）了解自身权益：增强识别性骚扰行为的能力，加强自身防护意识，了解应对工作场所性骚扰的方法、救济途径和注意事项。例如，如何留取证据、如何投诉举报等，学会自我保护。

（3）承诺不实施性骚扰行为：了解性骚扰是一种违法违规行为，将受到法律制裁和单位纪律处分。

（4）参与、监督防治性骚扰机制的实施：通过参与职代会、提出建议等民主管理途径，积极促使本单位建立健全预防和制止工作场所性骚扰的机制，并参与监督实施。

（5）积极与性骚扰行为作斗争：经受害人同意举报性骚扰行为，协助受害者维权。

二 如果你在工作中遇到性骚扰，该怎么办

（1）不要责怪自己，要坚定且明确地说“不”。

如果你觉得向性骚扰实施者直接把话挑明并不会威胁到自身安全，那就当面向其表明态度。告诉性骚扰实施者，他们的言语或行为对你造成了困扰，挑明问题，描述问题。最后，要求他们停止骚扰。告诉性骚扰实施者“你这种行为是不受欢迎的”非常重要。如果已当面向性骚扰实施者表明了态度，应该尽快向主管领导或者相关部门报告，以免性骚扰实施者报复。

如果没有当面跟性骚扰实施者把话挑明，可以直接告知上级或单位的党委纪检部门、组织人事部门（人力资源管理部门）、工会或者性骚扰专门处理机构。告诉他们，你觉得当面向性骚扰实施者表明态度并不安全，然后解释原因。

（2）保存证据。

要尽可能详细地记录每个细节并保全所有证据，写下每次性骚扰事件发生的时间和地点、每名涉事人员的所言所行以及事件目击者的名字。如果你收到不适当的电子邮件或便条，要妥善保存。对于电子信息需要及时进行公证以防灭失或者被质疑真实性。告诉同事或亲友性骚扰的事，并请她／他为你作证。

（3）寻求帮助和救济。

①阅读并遵守本单位的规章制度，遵照有关规章制度采取行动。比如：

- 向负责投诉的专门机构投诉。
- 向你的上级主管领导或者单位人力资源主管部门投诉。
- 向工会寻求建议和法律援助。

②报警：你可以拨打 110 报警，也可以到公安机关报案，要求根据《中华人民共和国治安管理处罚法》第四十二条和第四十三条，对性骚扰实施

者进行行政处罚。

③诉讼：根据《中华人民共和国民法典》第一千零一十条、《中华人民共和国妇女权益保障法》第二十三条、第二十五条、第七十七条和第八十条、《女职工劳动保护特别规定》第十一条，收集性骚扰证据，委托律师向法院提起侵权诉讼。2018年12月最高人民法院在《民事案件案由规定》中增加了“性骚扰损害责任纠纷”这一新的案由。对于工作场所性骚扰行为，职工可以依据这一案由向法院提起诉讼。

三 知情者如何应对工作场所性骚扰

积极的知情者可以发挥作用，减少性骚扰对用人单位和受害者的伤害，有助于营造对性骚扰零容忍的工作环境。

知情者可以采取以下行动应对性骚扰：

（1）倾听受害者的倾诉，提供心理抚慰。

（2）询问他/她想要什么样的支持，向他/她介绍单位有关性骚扰的规章制度和程序。

（3）帮助他/她找到关于如何投诉的信息，鼓励他/她投诉。

（4）知情者日后出庭，证人证言是一份难得的证据。

（5）在他/她投诉时给予陪伴。

（6）找性骚扰实施者交谈，告诉他/她停止性骚扰，向受害者赔礼道歉。

（7）在受害者同意的情况下，向主管部门提出处理建议。

（8）与工会讨论如何提高防治工作场所性骚扰的意识和职工的维权能力。

（9）向党委纪检部门、组织人事部门（人力资源管理部门）提交实施预防和制止工作场所性骚扰规章制度的建议，包括宣传、教育和培训方面的建议等。

（10）如果得到了受害者的允许，也可以向用人单位主管部门举报。

注意：举报工作场所性骚扰对受害者、同事和单位的文化都有积极影响。

如果知情者因支持受害者而受到实施者本人或支持实施者的同事的报复，应该根据用人单位的规章制度进行投诉。

附录 1

我国预防和制止工作场所性骚扰相关法律法规规定（摘录）

附录 2

性别平等及女职工权益保护知识竞赛题目

后记

《消除工作场所性骚扰指导手册》(以下简称《指导手册》)是在2019年开展预防和制止工作场所性骚扰的课题研究的基础上，由全国总工会女职工部组织编写。本书由全国总工会女职工部副部长唐晓青担任主编，参加编写的人员有全国总工会女职工部唐晓青、徐建红、孔繁羽，中国政法大学刘小楠，国际劳工组织中国和蒙古局黄群。开展课题研究和《指导手册》的编写工作得到了多方的帮助和支持，感谢有关部门、各地方工会女职工组织、企业及专家提出的宝贵意见和建议。

由于时间、篇幅和经验所限，本书难免存在不足和疏漏之处，敬请读者批评指正。

全总女职工部

2021年11月